AF187471

Impressum
Verlag: BABADADA GmbH, Nedderfeld 112 , 22529 Hamburg
Geschäftsführer / Verlagsleitung: Harald Hof
Druck: Books on Demand GmbH, In de Tarpen 42, 22848 Norderstedt

Imprint
Publisher: BABADADA GmbH, Nedderfeld 112 , 22529 Hamburg, Germany
Managing Director / Publishing direction: Harald Hof
Print: Books on Demand GmbH, In de Tarpen 42, 22848 Norderstedt, Germany

școală

escola

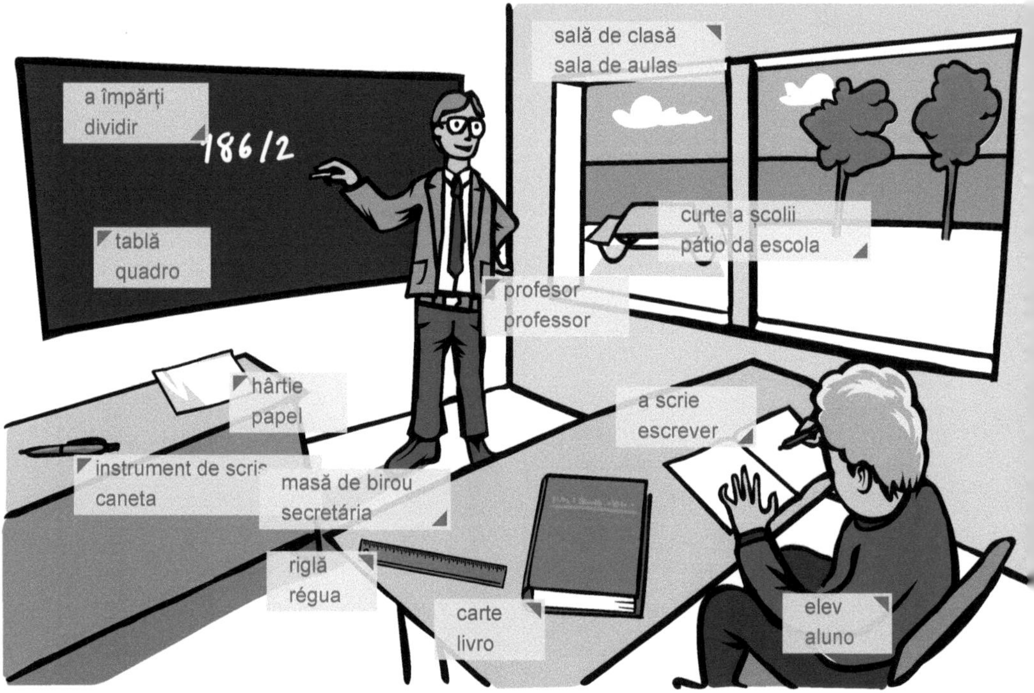

sală de clasă
sala de aulas
a împărți
dividir
186/2
tablă
quadro
curte a școlii
pátio da escola
profesor
professor
hârtie
papel
a scrie
escrever
instrument de scri
caneta
masă de birou
secretária
riglă
régua
carte
livro
elev
aluno

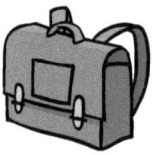

ghiozdan
mochila

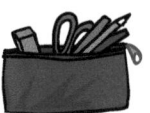

penar
estojo de lápis

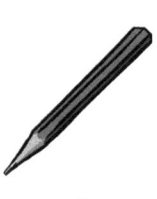

creion
lápis

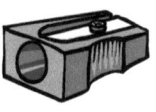

ascuțitoare
afia-lápis

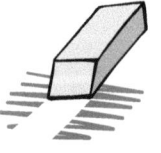

radieră
borracha

bloc de desen
bloco de desenho

desen

desenho

pensulă

pincel

cutie de acuarele

caixa de tintas

foarfece

tesoura

lipici

cola

caiet de exerciții

livro de exercícios

temă

trabalhos de casa

12

număr

número

2+2

a aduna

somar

5-2

a scădea

subtrair

2×2

a multiplica

multiplicar

a calcula

calcular

A

literă

letra

ABCDEFG HIJKLMN OPQRSTU VWXYZ

alfabet

alfabeto

hello

cuvânt

palavra

text
....
texto

a citi
....
ler

cretă
....
giz

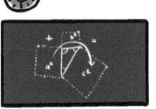

oră
....
hora

catalog
....
registo de presenças

examen
....
exame

certificat
....
certificado

uniformă școlară
....
uniforme escolar

educație
....
educação

enciclopedie
....
enciclopédia

universitate
....
universidade

microscop
....
microscópio

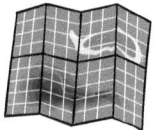

hartă
....
mapa

coș de gunoi
....
cesto de lixo

școală - escola

călătorie
viagem

hotel
hotel
Grand
hostel
hostel
ROOMS
casă de schimb valutar
casa de câmbio
valiză
mala
autovehicul
carro

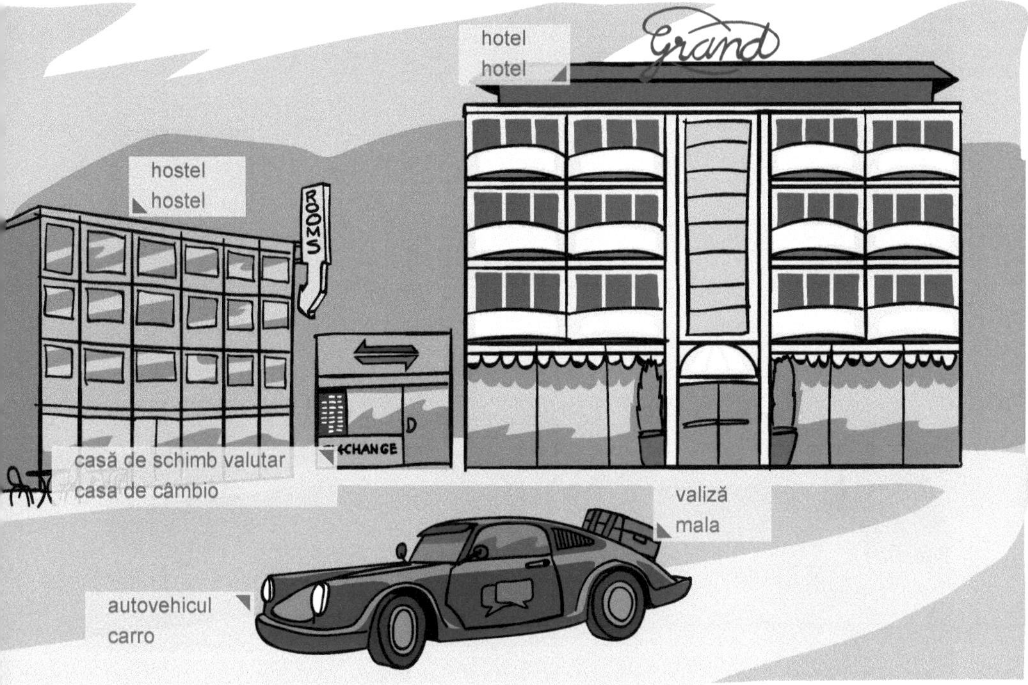

limbă

idioma

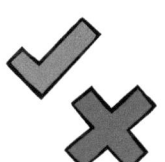

da/nu

sim / não

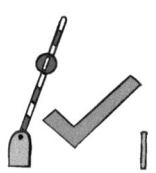

okay

ok / certo / correto

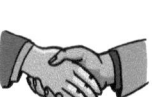

Bună!

olá

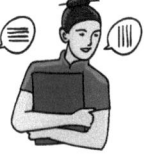

interpret

intérprete

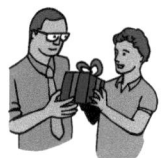

mulțumesc

obrigado

Cât costă...?

quanto é que custa... ?

Nu înţeleg

não entendo

problemă

problema

Bună seara!

boa noite!

Bună dimineaţa!

Bom dia!

Noapte bună!

Boa noite!

la revedere

adeus

direcţie

direção

bagaj

bagagem

geantă

saco

rucsac

mochila

oaspete

convidado

cameră

quarto

sac de dormit

saco-cama

cort

tenda

punct de informare turistică

informação turística

plajă

praia

carte de credit

cartão de crédito

mic dejun

pequeno-almoço

masa de prânz

almoço

cină

jantar

bilet de călătorie

bilhete

lift

elevador

timbru poștal

selo postal

graniță

fronteira

vamă

alfândega

ambasadă

embaixada

viză

visto

pașaport

passaporte

transport
transporte

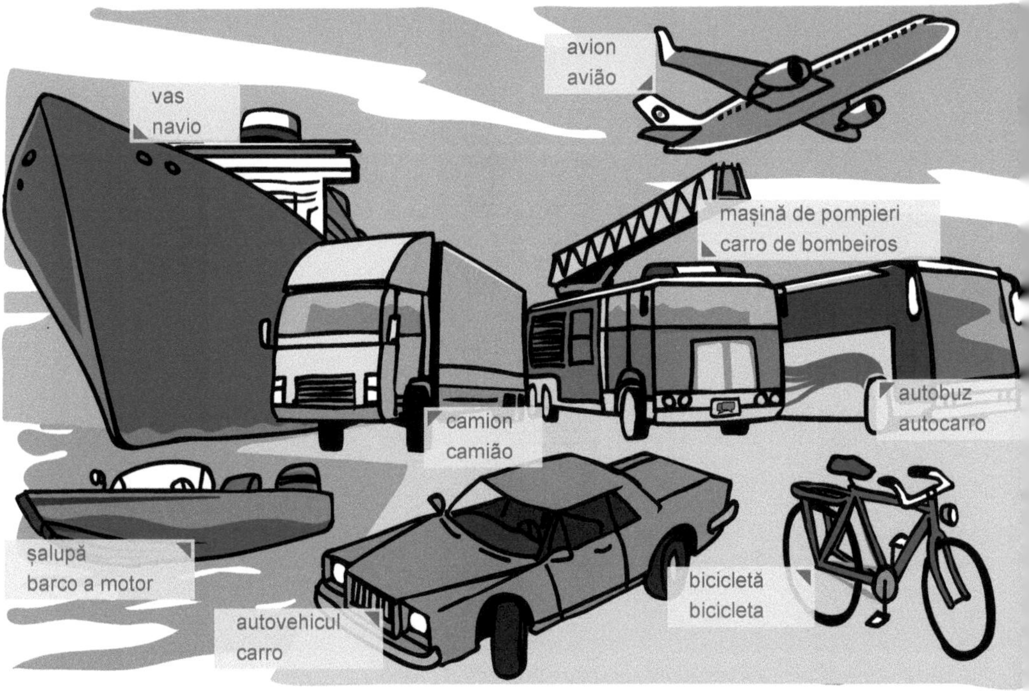
avion
avião
vas
navio
mașină de pompieri
carro de bombeiros
camion
camião
autobuz
autocarro
șalupă
barco a motor
bicicletă
bicicleta
autovehicul
carro

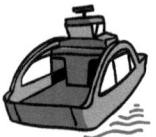

feribot

cacilheiro

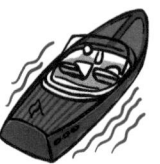

barcă

barco

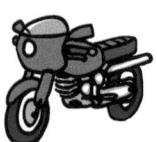

motocicletă

mota

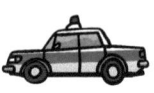

mașină de poliție

carro de polícia

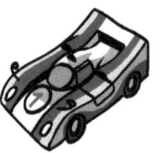

mașină de curse

carro de corrida

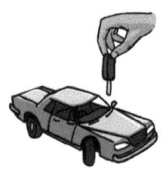

mașină închiriată

carro alugado

car sharing

carsharing

maşină de tractat

camião de reboque

maşină de gunoi

camião do lixo

motor

motor

combustibil

combustível

benzinărie

estação de serviço

semn de circulaţie

sinal de trânsito

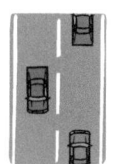

trafic

trânsito

ambuteiaj

congestionamento de trânsito

parcare

parque de estacionamento

gară

estação ferroviária

şine

carris

tren

comboio

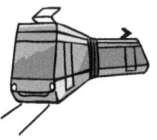

tramvai

elétrico

vagon

carruagem

elicopter

helicóptero

aeroport

aeroporto

turn

torre

pasager

passageiro

container

contentor

carton

caixa de papelão

căruță

carrinho

coș

cesto

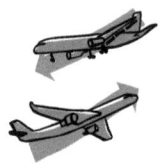

a decola/a ateriza

levantar voo / aterrar

oraș
cidade

sat

aldeia

centru

centro da cidade

casă

casa

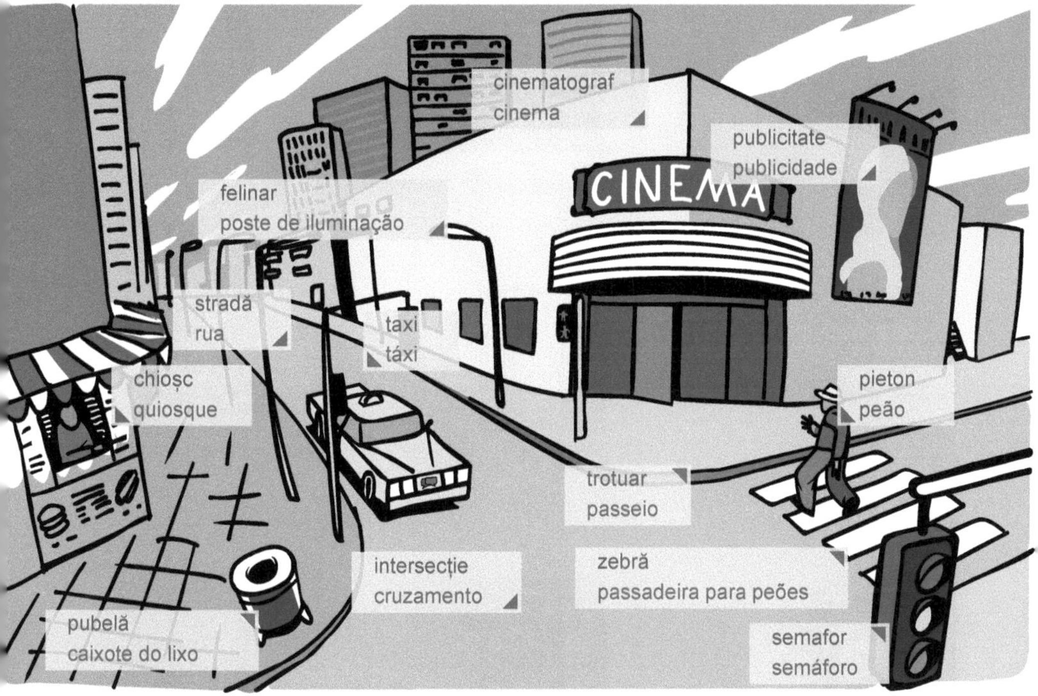

cinematograf
cinema

publicitate
publicidade

felinar
poste de iluminação

CINEMA

stradă
rua

taxi
táxi

pieton
peão

chioșc
quiosque

trotuar
passeio

intersecție
cruzamento

zebră
passadeira para peões

semafor
semáforo

pubelă
caixote do lixo

cabană
cabana

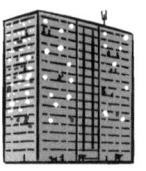

apartament
apartamento

gară
estação ferroviária

primărie
câmara municipal

muzeu
museu

școală
escola

universitate

universidade

bancă

banco

spital

hospital

hotel

hotel

farmacie

farmácia

birou

escritório

librărie

livraria

magazin

loja

florărie

florista

supermarket

supermercado

piață

mercado

magazin universal

loja de departamentos

comerciant de pește

peixaria

centru comercial

centro comercial

port

porto

parc
parque

bancă
banco

pod
ponte

trepte
escadas

metrou
metro

tunel
túnel

stație de autobuz
paragem de autocarro

bar
bar

restaurant
restaurante

cutie poștală
caixa de correio

tăbliță indicatoare cu
numele străzii
sinal de trânsito

parcometru
parquímetro

grădină zoologică
jardim zoológico

piscină
piscina

moschee
mesquita

gospodărie țărănească
....
quinta

poluare
....
poluição

cimitir
....
cemitério

biserică
....
igreja

loc de joacă
....
parque infantil

templu
....
templo

peisaj
paisagem

frunză
folha

indicator
placa de sinalização

drum
caminho

pajiște
prado

piatră
pedra

drumeț
caminhantes

copac
árvore

râu
rio

iarbă
relva

floare
flor

vale
vale

deal
montanha

lac
lago

pădure
floresta

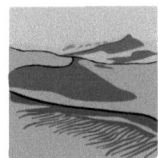

deșert
deserto

vulcan
vulcão

castel
castelo

curcubeu
arco-íris

ciupercă
cogumelo

palmier
palma

țânțar
mosquito

muscă
mosca

furnică
formiga

albină
abelha

păianjen
aranha

gândac

besouro

broască

sapo

veveriță

esquilo

arici

ouriço

iepure

lebre

bufniță

coruja

pasăre

pássaro

lebădă

cisne

porc mistreț

javali

cerb

veado

elan

alce

dig

barragem

turbină eoliană

turbina eólica

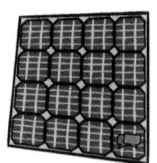

panou solar

painel solar

climă

clima

restaurant
restaurante

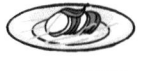

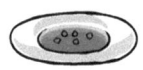

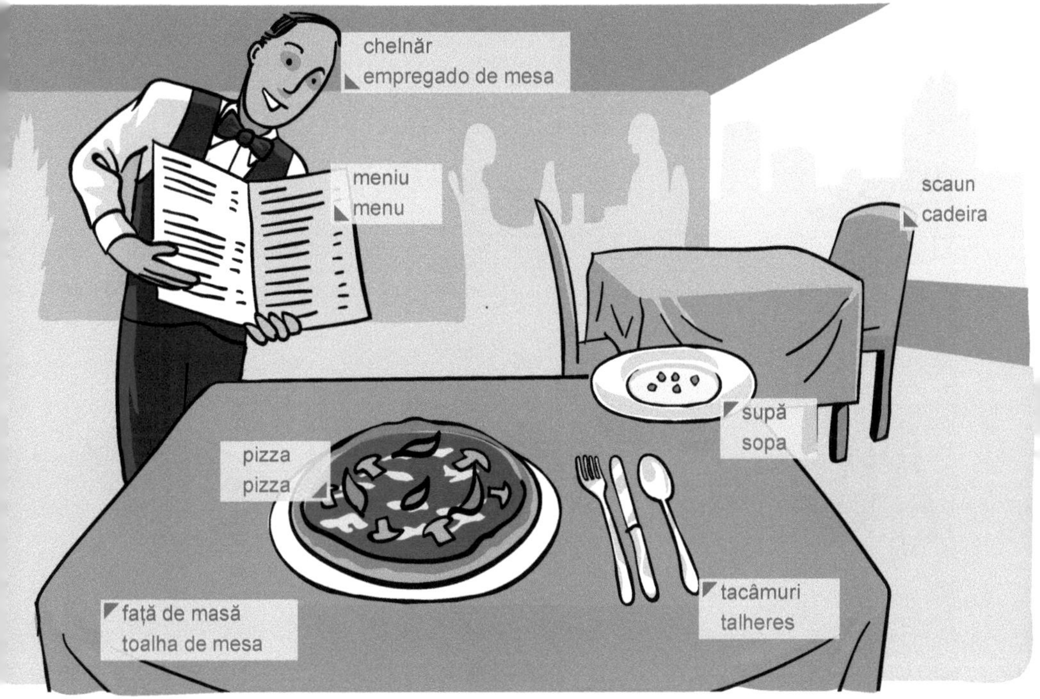
chelnăr
empregado de mesa
meniu
menu
scaun
cadeira
supă
sopa
pizza
pizza
tacâmuri
talheres
față de masă
toalha de mesa

antreu
....
entrada

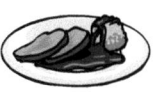

fel principal
....
prato principal

desert
....
sobremesa

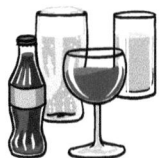

băuturi
....
bebidas

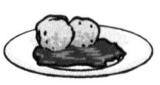

mâncare
....
comida

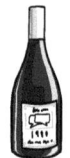

sticlă
....
garrafa

fastfood

fast food

streetfood

comida de rua

ceainic

bule de chá

zaharniță

açucareiro

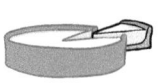

porție

porção

espressor

máquina de café expresso

scaun înalt (pentru copii)

cadeira alta

factură

conta

tavă

bandeja

cuțit

faca

furculiță

garfo

lingură

colher

linguriță

colher de chá

șervețel

guardanapo

pahar

copo

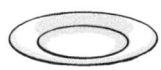

farfurie

prato

farfurie de supă

prato de sopa

farfurie

pires

sos

molho

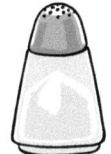

solniță

saleiro

râșniță de piper

moinho de pimenta

oțet

vinagre

ulei

óleo

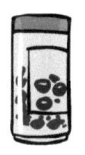

condimente

especiarias

ketchup

ketchup

muștar

mostarda

maioneză

maionese

supermarket
supermercado

ofertă
oferta especial
FOR
client
cliente
produse lactate
laticínios
fructe
fruta
cărucior de cumpărături
carrinho de compras

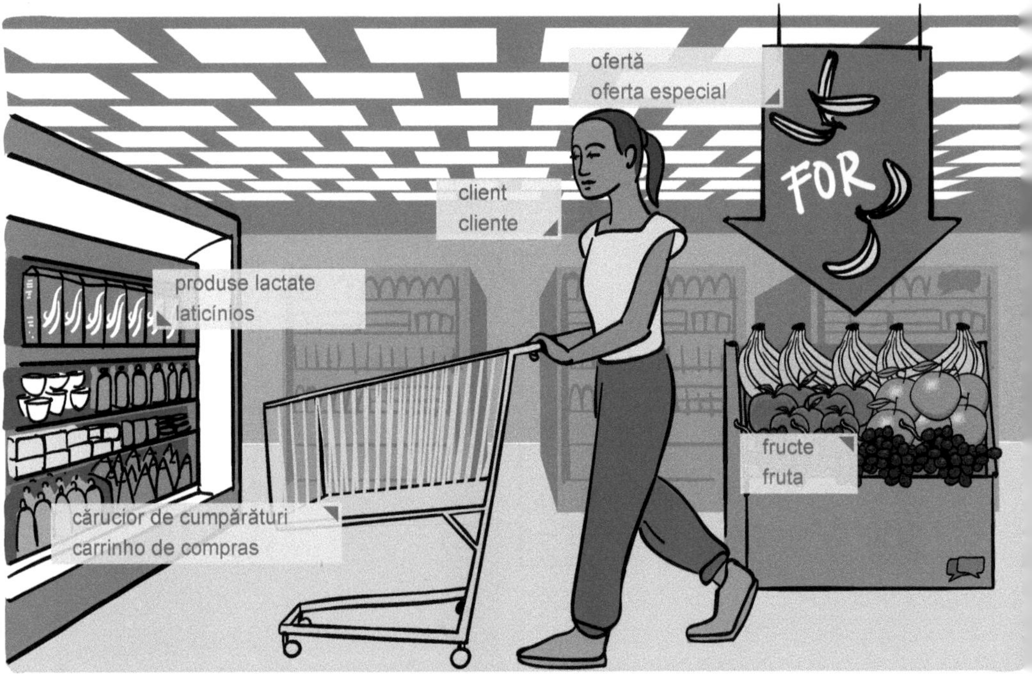

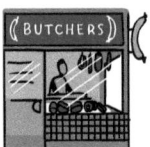

BUTCHERS

măcelărie

talho

BAKERY

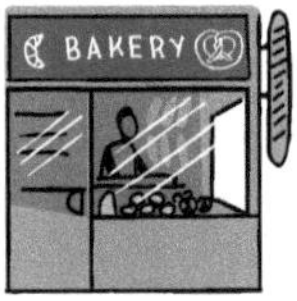

brutărie

padaria

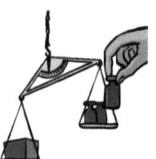

a cântări

pesar

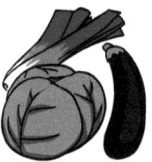

legume

vegetais

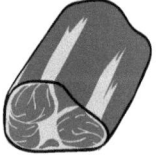

carne

carne

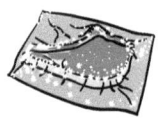

alimente refrigerate

alimentos congelados

mezeluri și brânzeturi feliate

....

charcutaria

conserve

....

comida enlatada

detergent

detergente em pó

dulciuri

....

doces

articole de menaj

....

artigos domésticos

produse de curățenie

....

produtos de limpeza

vânzătoare

....

vendedora

casă

....

caixa

casier

....

caixa

listă de cumpărături

....

lista de compras

orar

....

horário de funcionamento

portmoneu

....

carteira

carte de credit

....

cartão de crédito

geantă

....

saco

pungă de plastic

....

saco de plástico

băuturi
bebidas

apă

água

suc

sumo

lapte

leite

cola

coca-cola

vin

vinho

bere

cerveja

alcool

álcool

cacao

cacau

ceai

chá

cafea

café

espresso

café expresso

cappucino

capuccino

banane

banana

măr

maçã

portocală

laranja

pepene

melão

lămâie

limão

morcov

cenoura

usturoi

alho

bambus

bambu

ceapă

cebola

ciupercă

cogumelo

nuci

nozes

paste făinoase

talharim

spagheti

esparguete

orez

arroz

salată

salada

cartofi prăjiți

batatas fritas

cartofi țărănești

batatas fritas

pizza

pizza

hamburger

hambúrguer

sandwich

sanduíche

șnițel

bife panado

șuncă

fiambre

salam

salame

cârnați

salsicha

pui

galinha

friptură

assado

pește

peixe

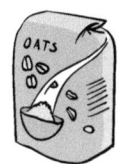

fulgi de ovăz

flocos de aveia

musli

muesli

cereale

flocos de milho

făină

farinha

corn

croissant

chifle

carcaça (pãozinho)

pâine

pão

pâine prăjită

torrada

biscuiți

biscoitos

unt

manteiga

brânză de vaci

requeijão

prăjitură

bolo

ou

ovo

ouă ochiuri

ovo estrelado

brânză

queijo

îngheţată

gelado

zahăr

açúcar

miere

mel

marmeladă

compota

cremă nuga

creme de nougat

curry

caril

mâncare - comida

gospodărie țărănească
quinta

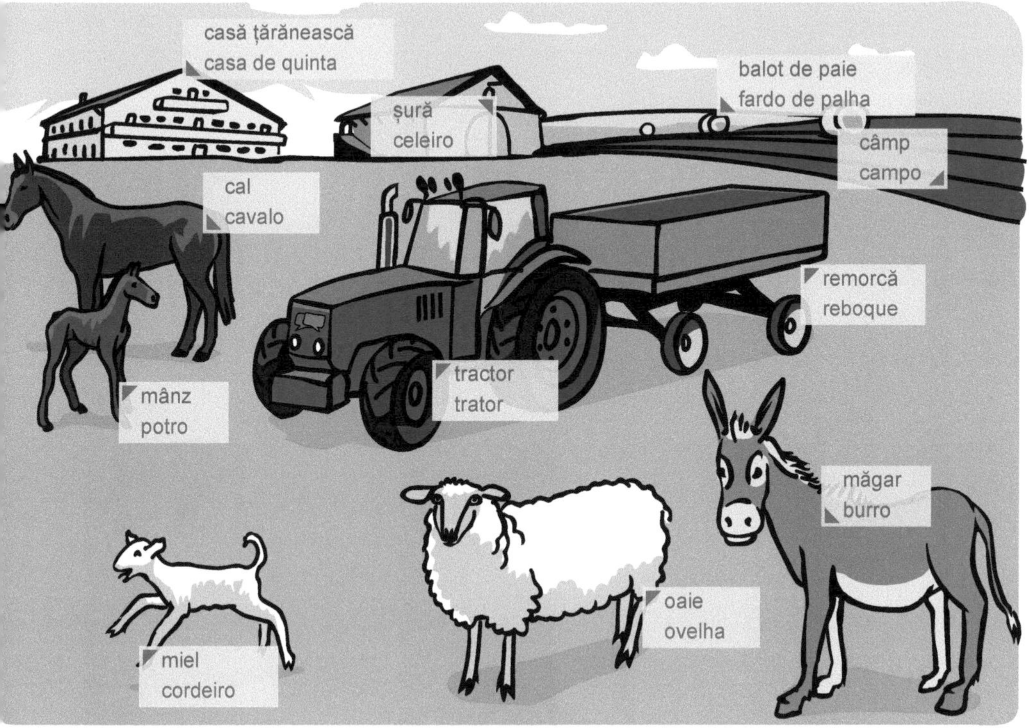
casă țărănească
casa de quinta
șură
celeiro
balot de paie
fardo de palha
câmp
campo
cal
cavalo
remorcă
reboque
tractor
trator
mânz
potro
măgar
burro
oaie
ovelha
miel
cordeiro

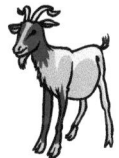

capră
cabra

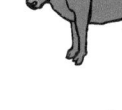

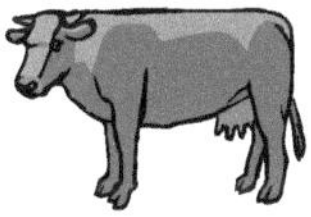

vacă
vaca

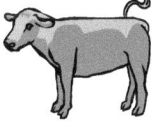

vițel
bezerro

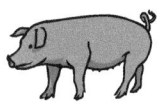

porc
porco

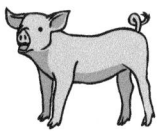

purcel
leitão

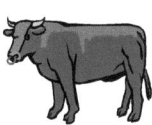

taur
touro

găină
ganso

rață
pato

pui
pintaínho

găină
galinha

cocoș
galo

șobolan
ratazana

pisică
gato

șoarece
rato

bou
boi

câine
cão

cușcă
casota

furtun de grădină
mangueira de jardim

stropitoare
regador

coasă
foice

plug
arado

seceră
foice

sapă
enxada

furcă
forquilha

secure
machado

roabă
carrinho de mão

troacă
manjedoura

cană pentru lapte
jarro de leite

sac
saco

gard
cerca

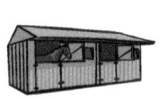

grajd
estábulo

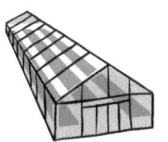

seră
estufa

sol
solo

sămânță
semente

fertilizator
fertilizante

combină de treierat
ceifeira-debulhadora

a culege
colher

recoltă
colheita

cartof yam
inhame

grâu
trigo

soia
soja

cartof
batata

porumb
milho

rapiță
colza

pom fructifer
árvore de fruto

manioc
mandioca

cereale
cereais

horn
chaminé

acoperiș
telhado

scoc
caleira

geam
janela

garaj
garagem

sonerie
campainha da porta

ușă
porta

coș de gunoi
balde do lixo

cutie poștală
caixa de correio

grădină
jardim

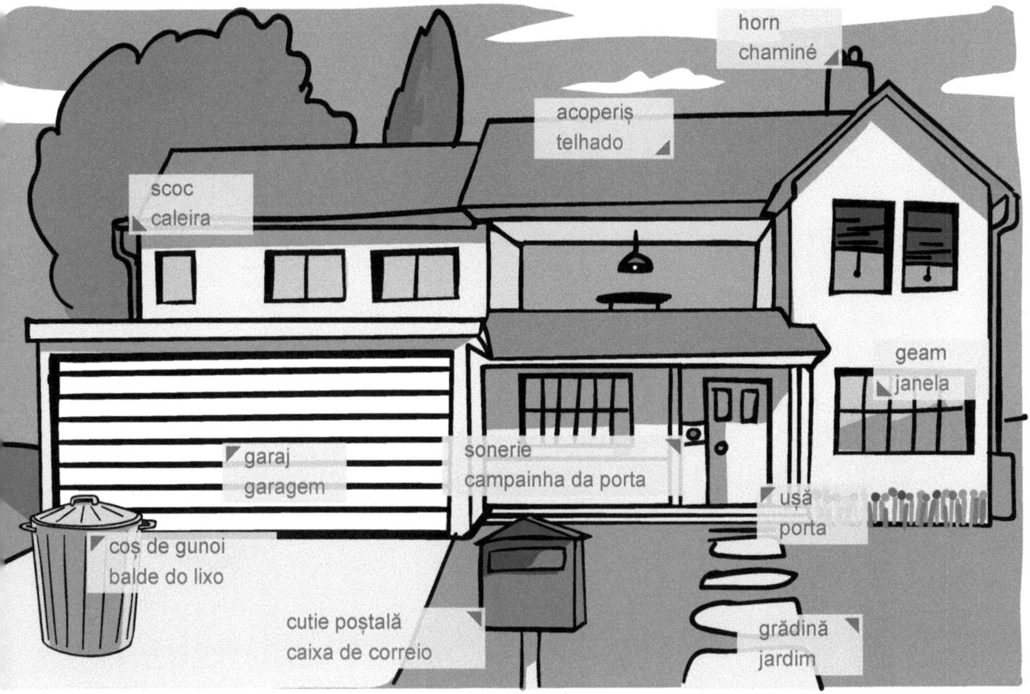

cameră de zi

sala de estar

baie

casa de banho

bucătărie

cozinha

dormitor

quarto de dormir

camera copiilor

quarto de criança

sufragerie

sala de jantar

casă - casa

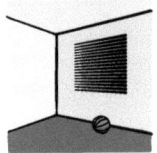

podea
chão

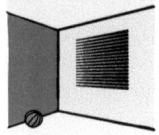

perete
parede

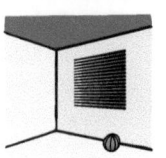

tavan
teto

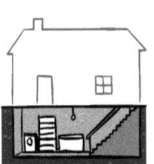

pivniță
cave

saună
sauna

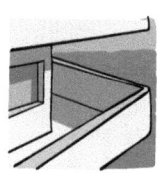

balcon
varanda

terasă
terraço

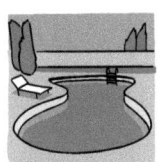

piscină
piscina

mașină de tuns iarba
máquina de cortar relvado

cearșaf
lençol

cuvertură
cobertor

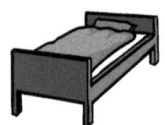

pat
cama

mătură
vassoura

găleată
balde

întrerupător
interruptor

cameră de zi
sala de estar

tapet
papel de parede
pictură
imagem
lampă
lâmpada
raft
prateleira
dulap
armário
televizor
televisão
șemineu
lareira
floare
flor
pernă
almofada
sofa
sofá
vază
vaso
telecomandă
controlo remoto

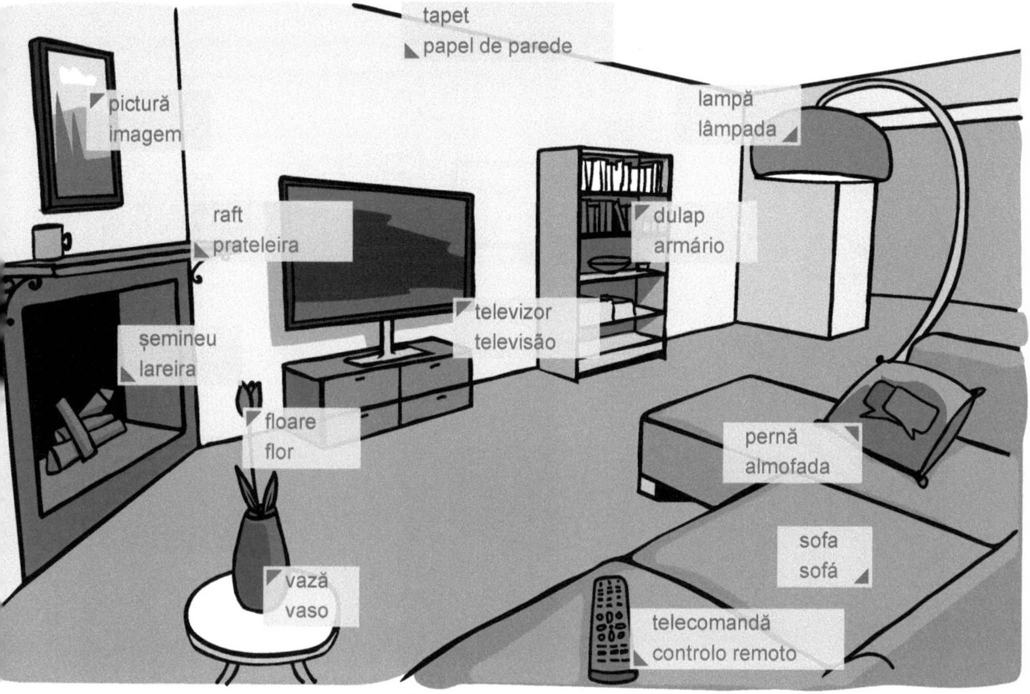

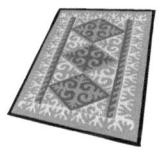

covor
tapete

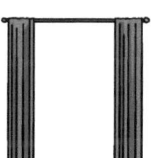

perdea
cortina

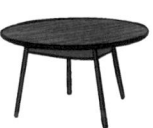

masă
mesa

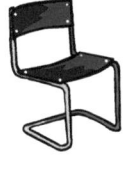

scaun
cadeira

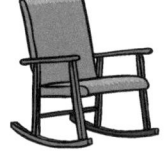

balansoar
cadeira de baloiço

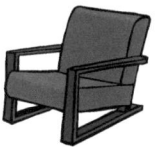

fotoliu
poltrona

carte

livro

pătură

cobertor

decoraţiune

decoração

lemn de foc

lenha

film

filme

instalaţie stereo

sistema estéreo

cheie

chave

ziar

jornal

desen

pintura

poster

póster

radio

rádio

caiet de notiţe

bloco de notas

aspirator

aspirador

cactus

cato

lumânare

vela

bucătărie
cozinha

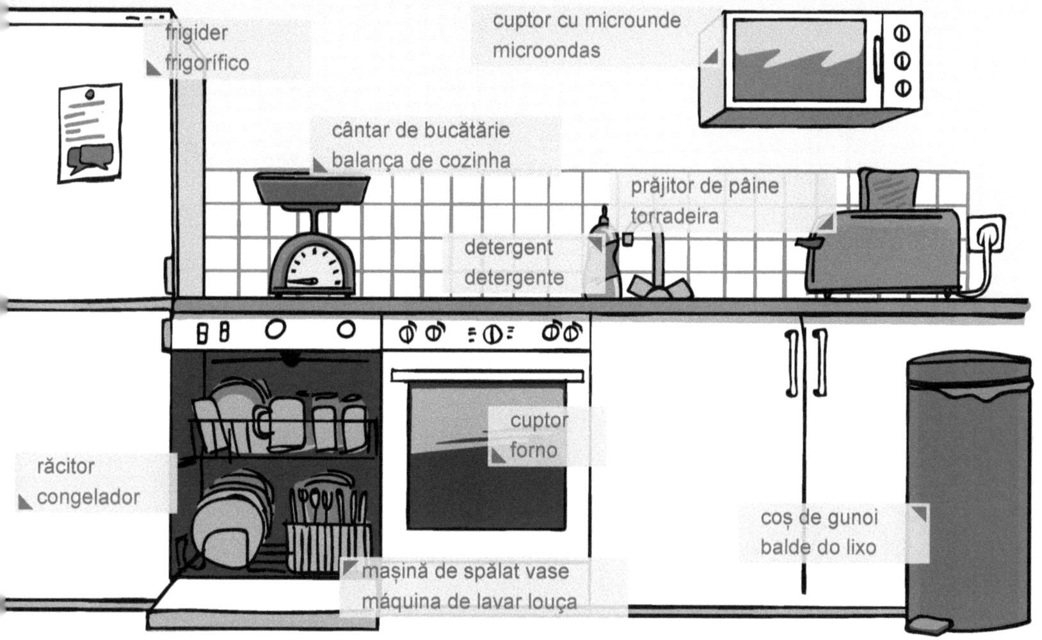

frigider
frigorífico
cuptor cu microunde
microondas
cântar de bucătărie
balança de cozinha
prăjitor de pâine
torradeira
detergent
detergente
cuptor
forno
răcitor
congelador
coș de gunoi
balde do lixo
mașină de spălat vase
máquina de lavar louça

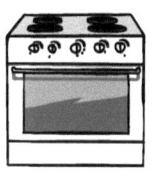

cuptor
fogão

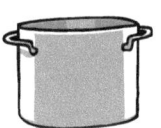

oală
panela

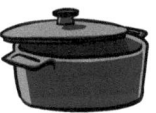

oală de metal
panela de ferro

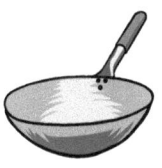

wok/kadai
wok / kadai

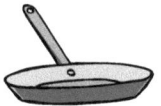

tigaie
frigideira

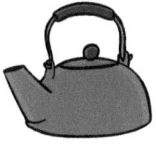

ceainic
chaleira

oală de gătit cu aburi

panela a vapor

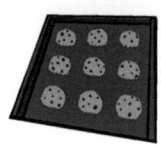

tavă de copt

tabuleiro de forno

veselă

louça

pahar

caneca

bol

tigela

bețișoare

pauzinhos

polonic

concha de sopa

spatulă

espátula

tel

batedor de claras

sită

escorredor

sită

peneira

răzătoare

ralador

mojar

almofariz

grătar

churrasqueira

loc pentru grătar

lareira

tocător

tábua de cortar

sucitor

rolo da massa

tirbușon

saca-rolhas

conservă

lata

deschizător de conserve

abridor de latas

șervete termice

luvas de forno

chiuvetă

lava-loiça

perie

escova

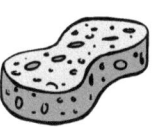

burete

esponja

mixer

liquidificador

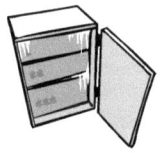

ladă frigorifică

arca frigorífica

biberon

biberão

robinet

torneira

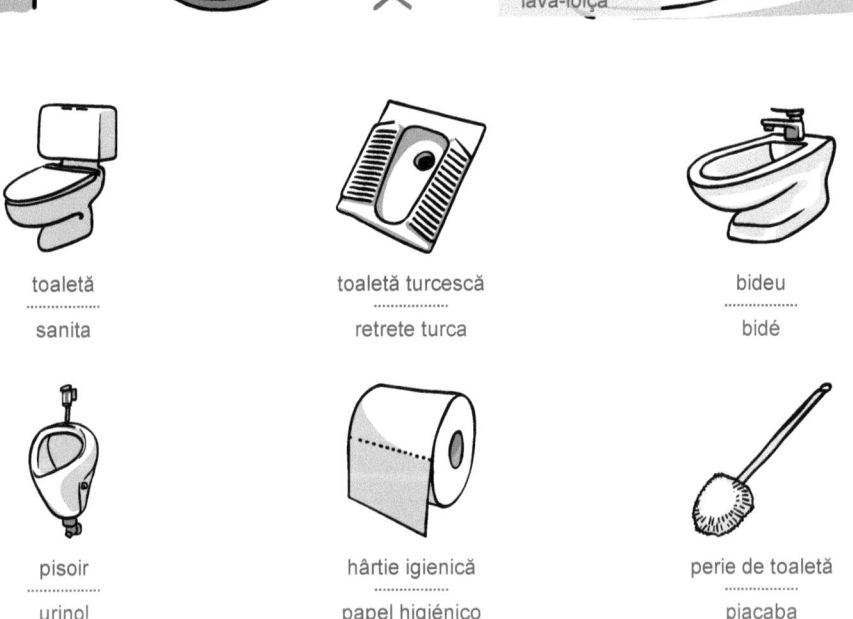

baie

casa de banho

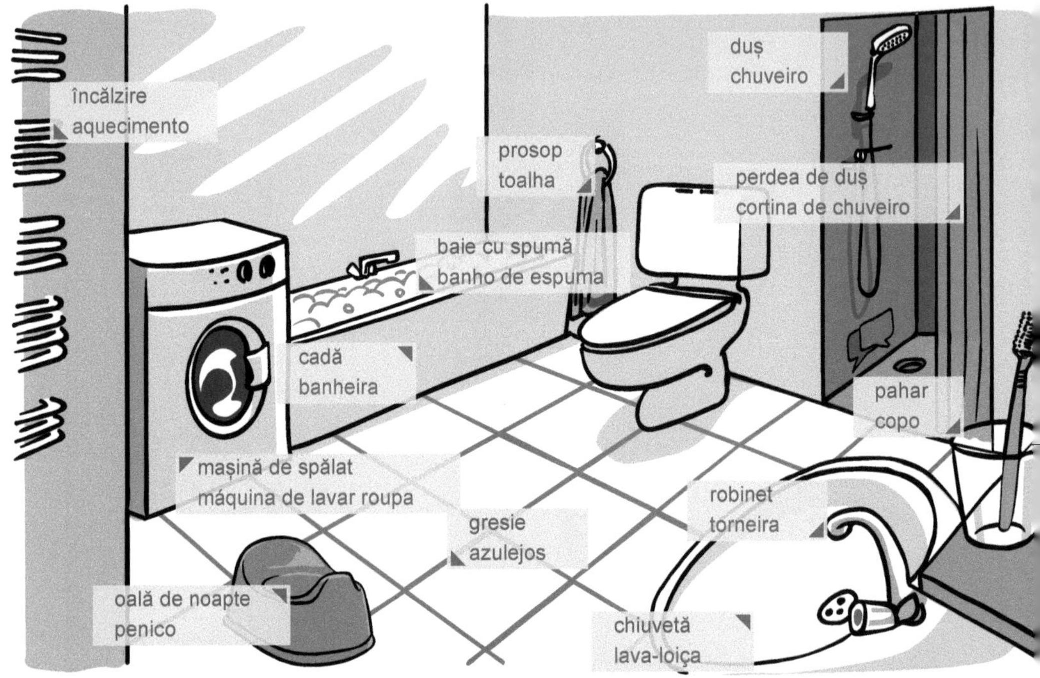
duș
chuveiro
încălzire
aquecimento
prosop
toalha
perdea de duș
cortina de chuveiro
baie cu spumă
banho de espuma
cadă
banheira
pahar
copo
mașină de spălat
máquina de lavar roupa
robinet
torneira
gresie
azulejos
oală de noapte
penico
chiuvetă
lava-loiça

toaletă
sanita

toaletă turcescă
retrete turca

bideu
bidé

pisoir
urinol

hârtie igienică
papel higiénico

perie de toaletă
piaçaba

periuță de dinți

escova de dentes

pastă de dinți

pasta de dentes

ață dentară

fio dentário

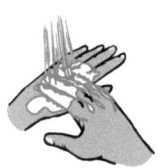

a spăla

lavar

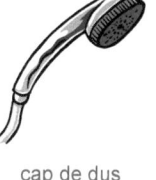

cap de duș

chuveiro de mão

duș intim

duche íntimo

lavoar

bacia

perie pentru spate

escova para as costas

săpun

sabonete

gel de duș

gel de banho

șampon

champô

cârpă de spălat

toalha de rosto

scurgere

escoamento

cremă

creme

deodorant

desodorizante

oglindă
....
espelho

oglindă cosmetică
....
espelho de mão

aparat de ras
....
máquina de barbear

spumă de ras
....
creme de barbear

aftershave
....
loção pós-barba

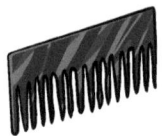

pieptene
....
pente

perie
....
escova

uscător de păr
....
secador de cabelo

fixator
....
spray de cabelo

machiaj
....
maquilhagem

ruj
....
batom

lac de unghii
....
verniz de unhas

vată
....
algodão

foarfece de unghii
....
tesoura para unhas

parfum
....
perfume

neseser
nécessaire

taburet
tamborete

cântar
balança

halat de baie
roupão de banho

mănuși de cauciuc
luvas de borracha

tampon
tampão

tampon
penso higiénico

toaletă chimică
WC químico

camera copiilor
quarto de criança

ceas deșteptător
despertador
jucărie de pluș
peluche
mașină de jucărie
carro de brincar
morișcă
chocalho
casă de păpuși
casa de bonecas
cadou
presente

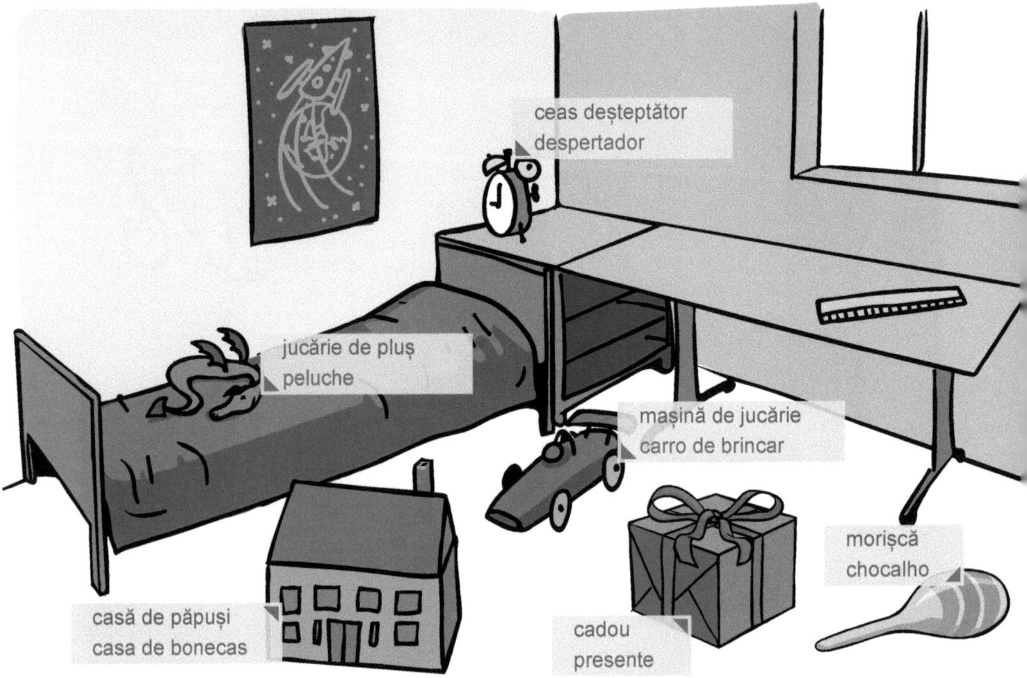

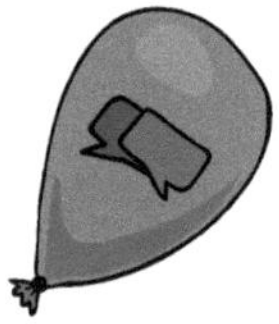

balon
balão

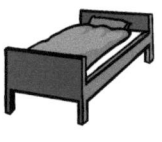

pat
cama

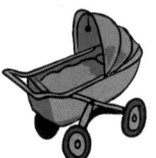

cărucior de copii
carrinho de bebé

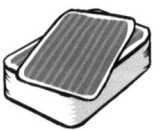

joc de cărți
jogo de cartas

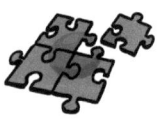

puzzle
quebra-cabeças

SUPER MEGA

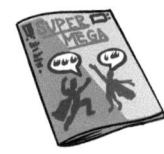

revistă de benzi desenate
banda desenhada

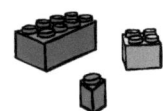

cuburi lego

peças de Lego

piese pentru construcţii

blocos de construção

personaj din filmele de acţiune

figura de ação

body

fato de bebé

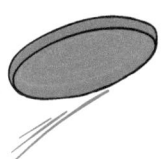

frisbee

Frisbee

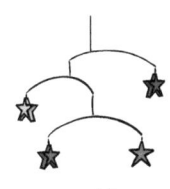

mobil

móbile para bebé

joc de societate

jogo de tabuleiro

zar

dados

set trenuleţ de jucărie

pista de comboio elétrico

suzetă

chupeta

petrecere

festa

carte cu poze

livro ilustrado

minge

bola

păpuşă

boneca

a se juca

jogar

groapă de nisip

caixa de areia

leagăn

baloiço

jucării

brinquedos

consolă video

consola de jogos

tricicletă

triciclo

ursuleţ

ursinho de peluche

dulap

guarda-roupa

îmbrăcăminte
vestuário

şosete

meias

ciorapi

meias pelo joelho

dres

meias-calças

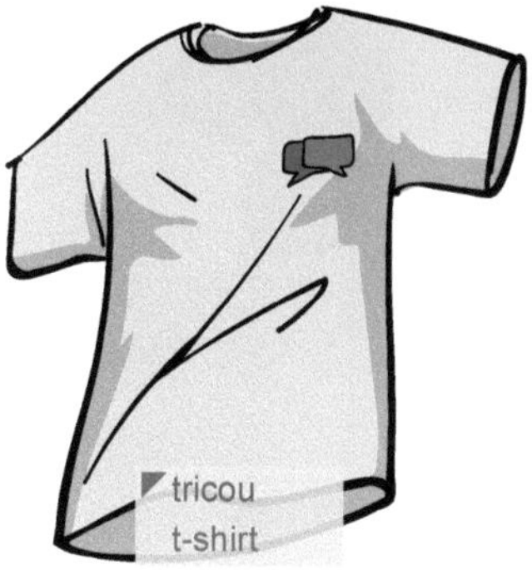

şal
cachecol

curea
cinto

umbrelă
guarda-chuva

tricou
t-shirt

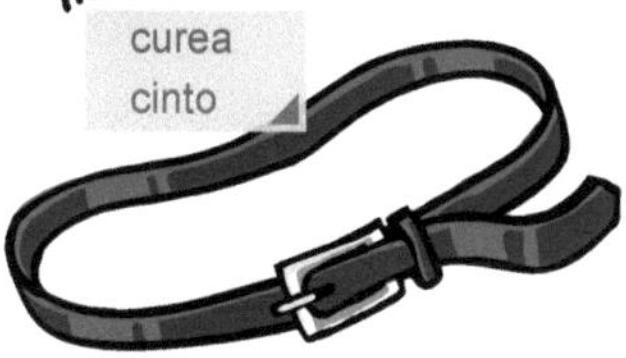

pantofi sport
sapatilhas

cizme
botas

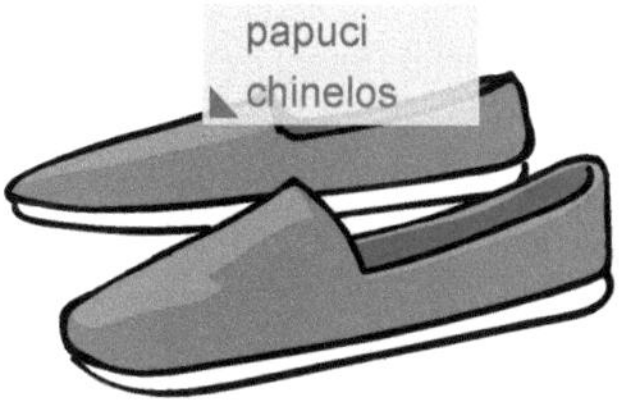

papuci
chinelos

sandale	încălțăminte	cizme de cauciuc
sandálias	sapatos	botas de borracha

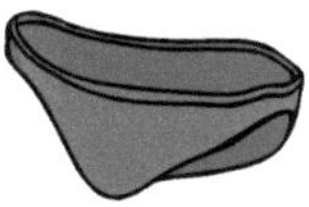

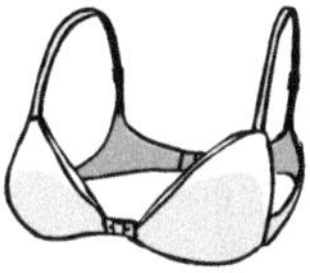

chilot	sutien	maiou
cuecas	sutiã	camisola interior

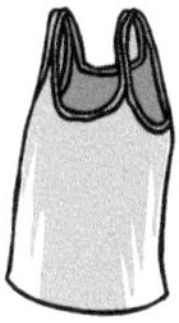

îmbrăcăminte - vestuário

body
body

pantaloni
calças

blugi
calças de ganga

fustă
saia

bluză
blusa

cămașă
camisa

pulover
pulôver

jerseu
camisola com capuz

sacou
blazer

jachetă
casaco

palton
manto

pelerină de ploaie
gabardina

costum
traje

rochie
vestido

rochie de mireasă
vestido de casamento

costum

fato

cămașă de noapte

camisa de dormir

pijama

pijama

sari

sari

batic

lenço de cabeça

turban

turbante

burka

burca

caftan

cafetă

abaya

abaya

costum de baie

fato de banho

șort

calções de banho

pantaloni scurți

calções

trening

fato de treino

șorț

avental

mănuși

luvas

nasture

botão

ochelari

óculos

brăţară

pulseira

lanţ

colar

inel

anel

cercel

brinco

căciulă

boné

umeraș

cabide

pălărie

chapéu

cravată

gravata

fermoar

fecho de correr

cască

capacete

bretele

suspensórios

uniformă școlară

uniforme escolar

uniformă

uniforme

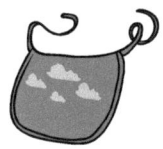

bavețică

babete

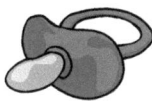

suzetă

chupeta

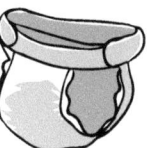

scutec

fralda

birou

escritório

server
servidor
dulap de acte
armário de arquivo
imprimantă
impressora
hârtie
papel
monitor
ecrã
mouse
rato
masă de birou
secretária
fișier
pasta
tastatură
teclado
coș de gunoi
cesto de lixo
computer
computador
scaun
cadeira

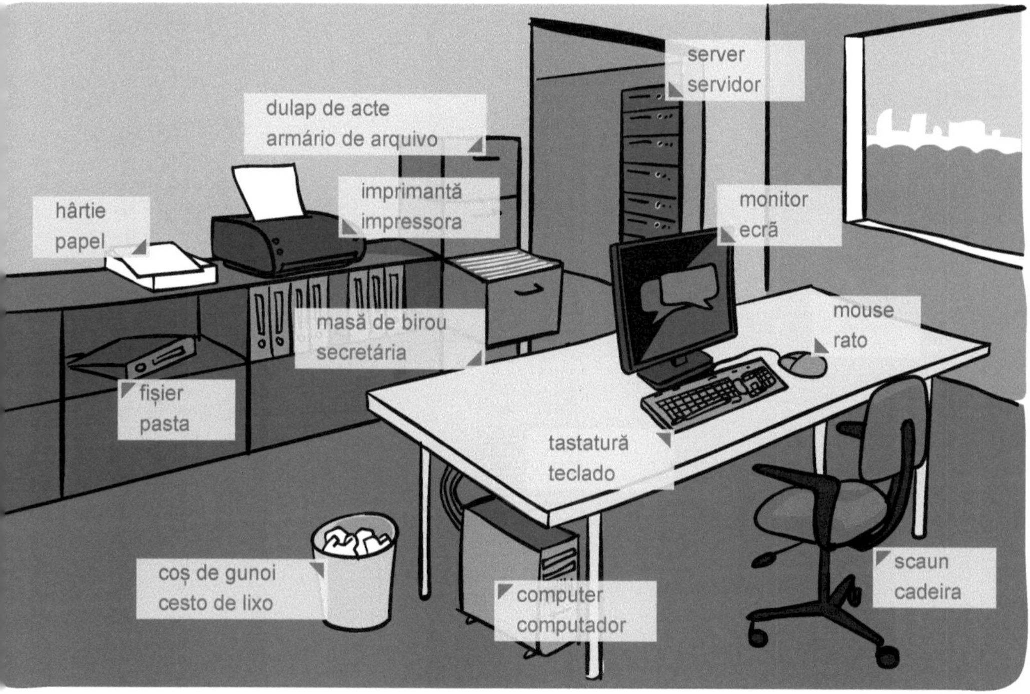

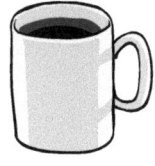

ceașcă de cafea

caneca de café

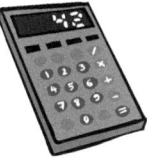

calculator

calculadora

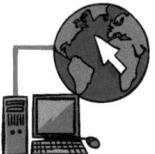

internet

internet

laptop

computador portátil

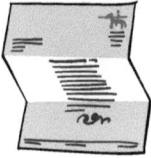

scrisoare

carta

mesaj

mensagem

telefon mobil

telemóvel

rețea

rede

copiator

fotocopiadora

software

software

telefon

telefone

priză

tomada elétrica

fax

fax

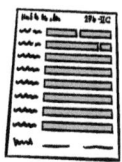

formular

formulário

document

documento

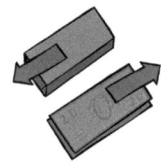

a cumpăra
comprar

a plăti
pagar

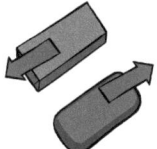

a face comerţ
negociar

bani
dinheiro

 **USD**

Dolar
dólar

 **EUR**

Euro
euro

 **JPY**

Yen
yen

 **RUB**

Rublă
rublo

 **CHF**

Franc Elveţian
franco suíço

 **CNY**

renminbi yuan
renminbi yuan

 **INR**

Rupie
rupia

bancomat
caixa de multibanco

casă de schimb valutar

casa de câmbio

aur

ouro

argint

prata

petrol

petróleo

energie

energia

preţ

preço

contract

contrato

impozit

imposto

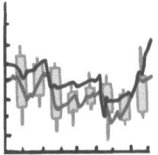

acţiune

ação

a munci

trabalhar

angajat

empregado

angajator

entidade patronal

fabrică

fábrica

magazin

loja

ocupații
profissões

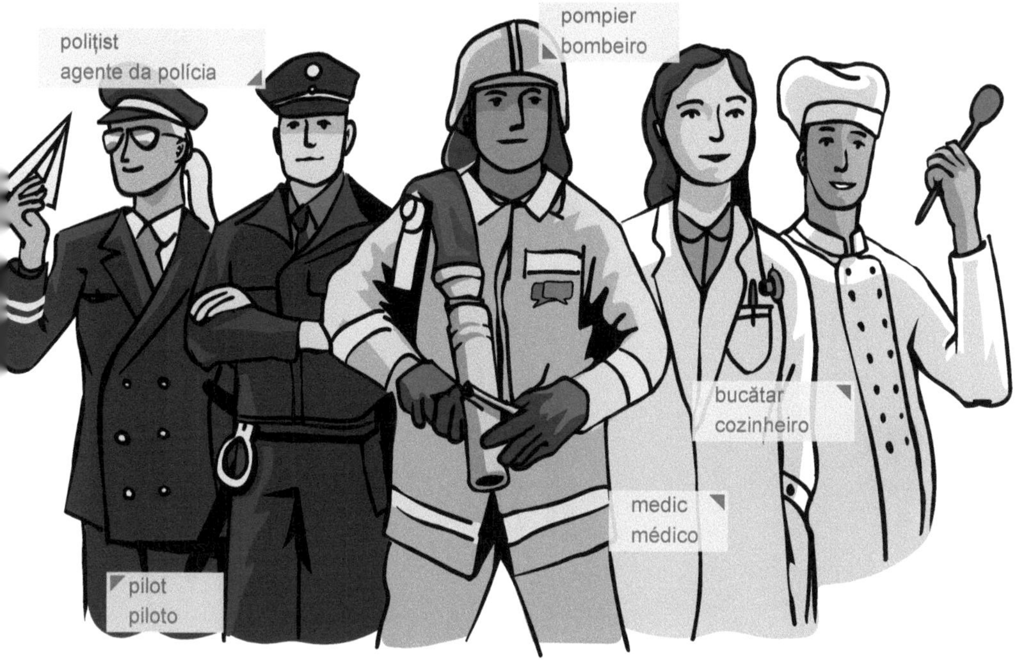

polițist
agente da polícia
pompier
bombeiro
bucătar
cozinheiro
medic
médico
pilot
piloto

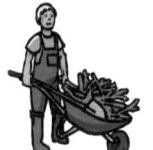

grădinar

jardineiro

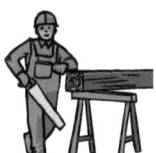

tâmplar

carpinteiro

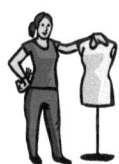

cusătoreasă

costureira

judecător

juiz

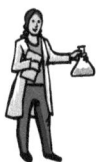

chimist

químico

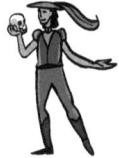

actor

ator

șofer de autobuz

motorista de autocarro

șofer de taxi

motorista de táxi

pescar

pescador

femeie de serviciu

empregada de limpeza

tinichigiu

telhador

chelnăr

empregado de mesa

vânător

caçador

pictor

pintor

brutar

padeiro

electrician

eletricista

muncitor în construcții

construtor

inginer

engenheiro

măcelar

talhante

instalator

canalizador

poștaș

carteiro

soldat

soldado

arhitect

arquiteto

casier

caixa

florar

florista

frizer

cabeleireiro

controlor

controlador de bilhetes

mecanic

mecânico

căpitan

capitão

stomatolog

dentista

om de ştiinţă

cientista

rabin

rabino

imam

imã

călugăr

monge

preot

pastor

instrumente
ferramentas

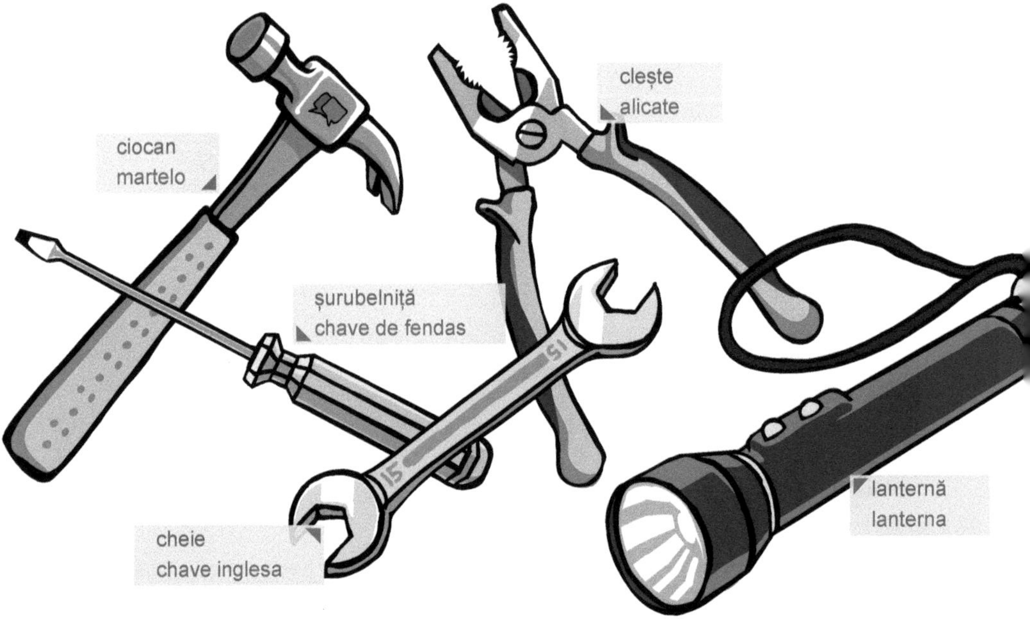

ciocan
martelo
clește
alicate
șurubelniță
chave de fendas
cheie
chave inglesa
lanternă
lanterna

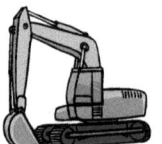

excavator

escavadora

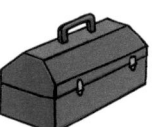

cutie de scule

caixa de ferramentas

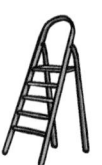

scară

escadote

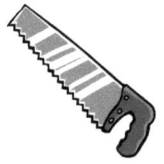

ferăstrău

serra

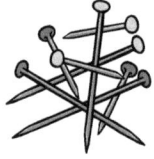

cuie

pregos

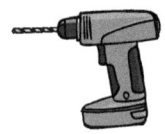

burghiu

broca

a repara
reparar

lopată
pá

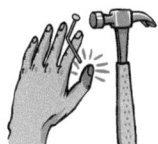

La naiba!
porcaria!

făraș
pá de lixo

vas pentru vopsea
pote de tinta

șuruburi
parafusos

instrumente muzicale
instrumentos musicais

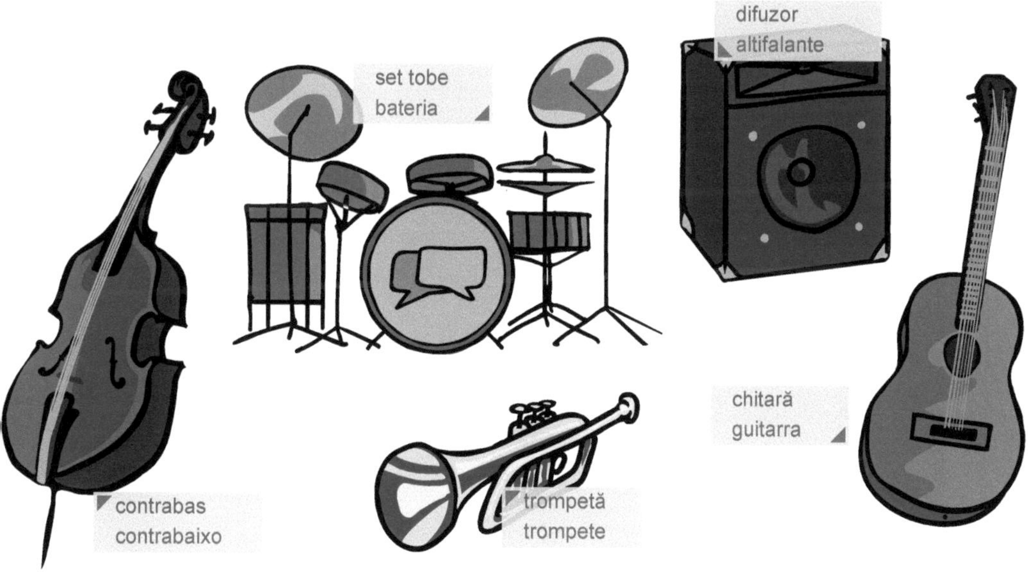

difuzor
altifalante

set tobe
bateria

contrabas
contrabaixo

trompetă
trompete

chitară
guitarra

pian
....
piano

vioară
....
violino

bas
....
baixo

trombon
....
timbales

tobă
....
tambor

keyboard
....
teclado

saxofon
....
saxofone

fluier
....
flauta

microfon
....
microfone

grădină zoologică
jardim zoológico

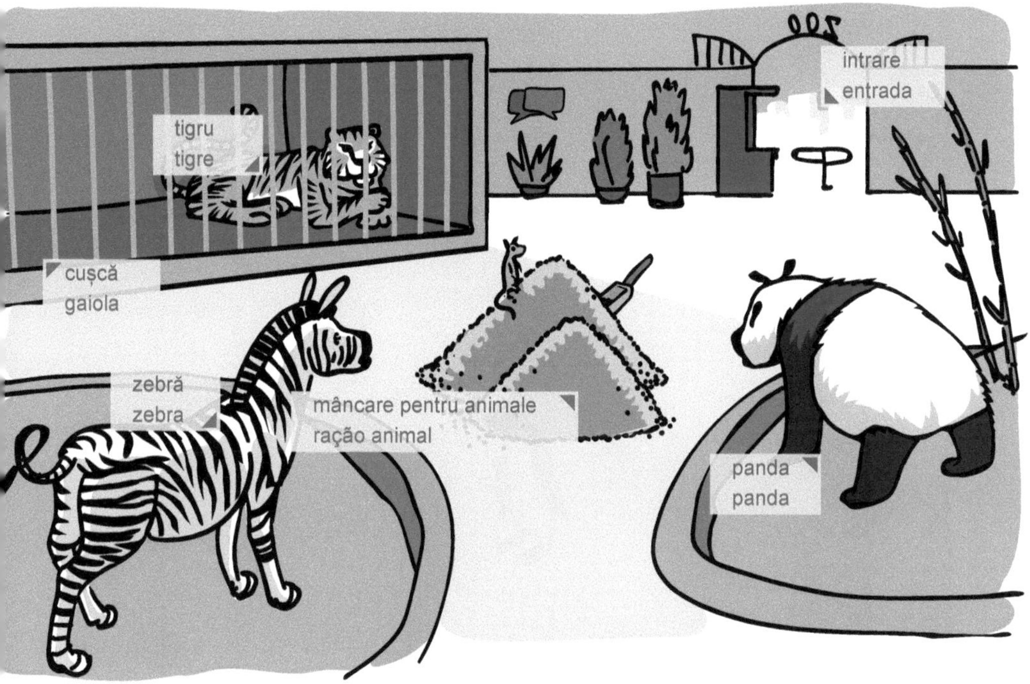
intrare
entrada
tigru
tigre
cușcă
gaiola
zebră
zebra
mâncare pentru animale
ração animal
panda
panda

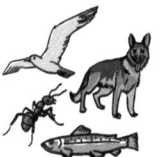

animale
animais

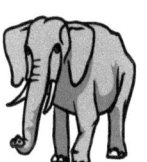

elefant
elefante

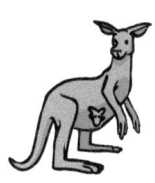

cangur
canguru

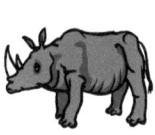

rinocer
rinoceronte

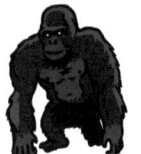

gorilă
gorila

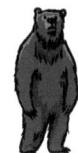

urs
urso

cămilă
camelo

struț
avestruz

leu
leão

maimuță
macaco

flamingo
flamingo

papagal
papagaio

urs polar
urso polar

pinguin
pinguim

rechin
tubarão

păun
pavão

șarpe
cobra

crocodil
crocodilo

îngrijitor grădina zoologică
guarda do jardim zoológico

focă
foca

jaguar
jaguar

grădină zoologică - jardim zoológico

ponei
póni

leopard
leopardo

hipopotam
hipopótamo

girafă
girafa

acvilă
águia

porc mistreț
javali

pește
peixe

broască țestoasă
tartaruga

morsă
morsa

vulpe
raposa

gazelă
gazela

fotbal american
futebol americano

ciclism
ciclismo

tenis
ténis

basketball
basquetebol

înot
natação

box
boxe

hockey pe gheață
hóquei no gelo

fotbal
futebol

badminton
badminton

atletism
atletismo

handbal
andebol

schi
esqui

polo
polo

activități
atividades

a sări
saltar
a îmbrățișa
abraçar
a râde
rir
a merge
andar
a cânta
cantar
a visa
sonhar
a se ruga
rezar
a săruta
beijar

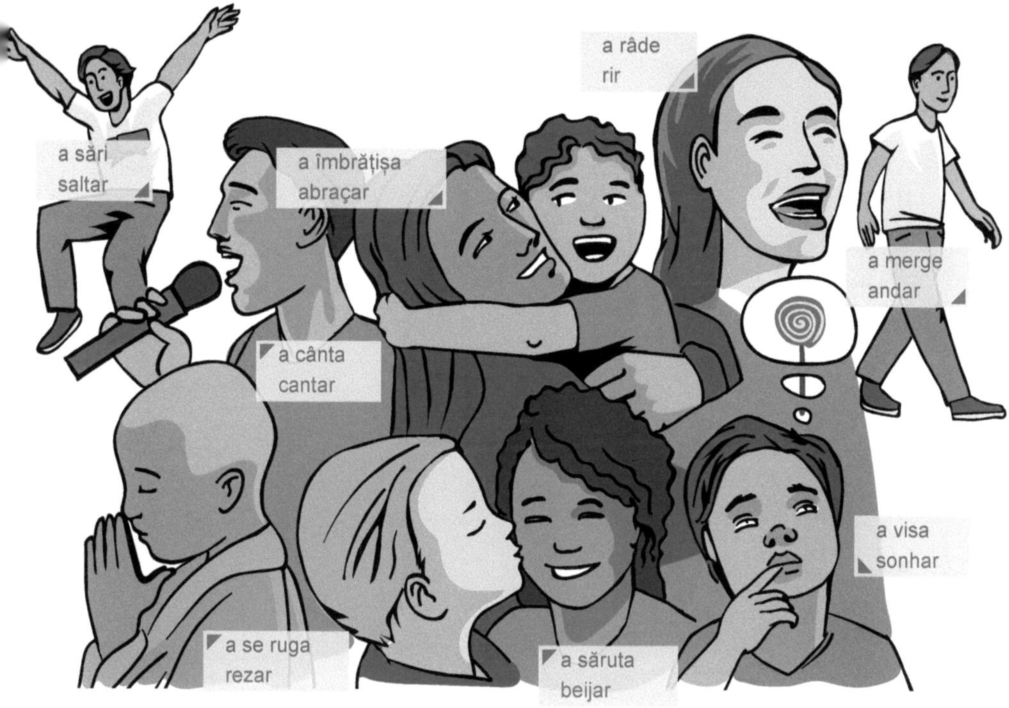

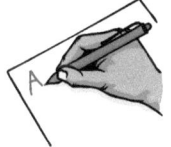

a scrie
....
escrever

a desena
....
desenhar

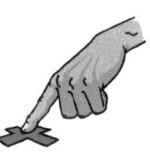

a arăta
....
mostrar

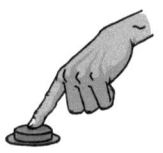

a împinge
....
empurrar

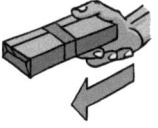

a da
....
dar

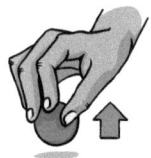

a lua
....
tomar

a avea

ter

a face

fazer

a fi

ser

a sta în picioare

ficar de pé

a fugi

correr

a trage

puxar

a arunca

remessar

a cădea

cair

a sta întins

deitar

a aștepta

esperar

a purta

carregar

a ședea

sentar

a se îmbrăca

vestir

a dormi

dormir

a se trezi

acordar

a privi

olhar para

a plânge

chorar

a mângâia

acariciar

a se pieptăna

pentear

a vorbi

falar

a înțelege

compreender

a întreba

perguntar

a asculta

ouvir

a bea

beber

a mânca

comer

a face ordine

arrumar

a iubi

amar

a găti

cozinhar

a conduce

conduzir

a zbura

voar

a naviga

velejar

a calcula

calcular

a citi

ler

a învăța

aprender

a munci

trabalhar

a se căsători

casar

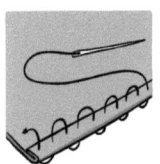

a coase

costurar

a se spăla pe dinți

escovar os dentes

a ucide

matar

a fuma

fumar

a trimite

enviar

familie
família

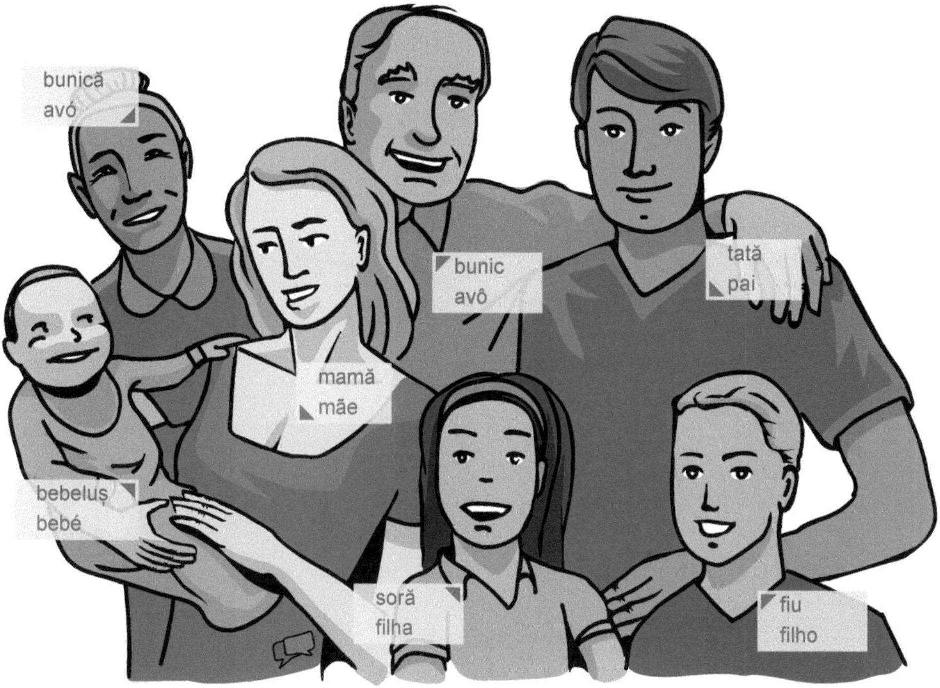
bunică
avó
bunic
avô
tată
pai
mamă
mãe
bebeluș
bebé
soră
filha
fiu
filho

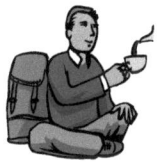

oaspete

convidado

mătușă

tia

unchi

tio

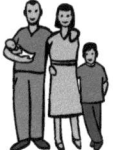

frate

irmão

soră

irmã

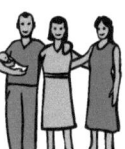

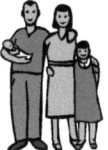

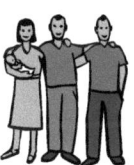

corp

corpo

frunte
testa
ochi
olho
umăr
ombro
deget
dedo
față
cara
bărbie
queixo
mână
mão
picior
perna
piept
peito
braț
braço

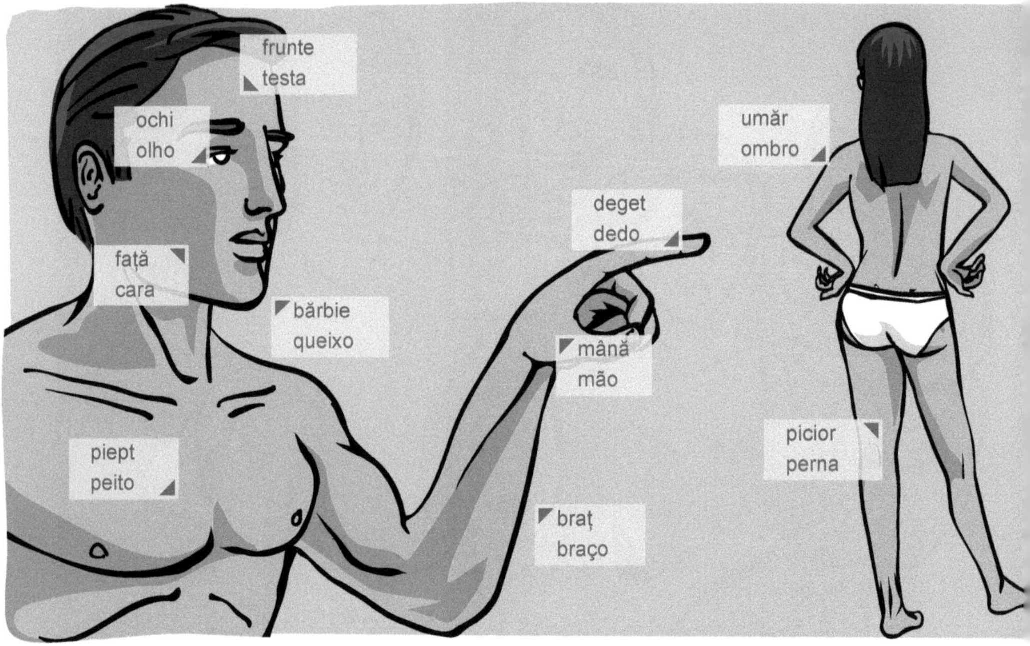

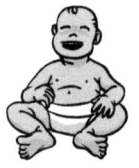

bebeluș

bebé

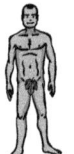

bărbat

homem

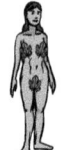

femeie

mulher

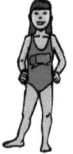

fată

menina

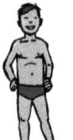

băiat

menino

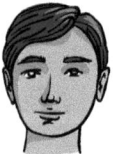

cap

cabeça

spate
costas

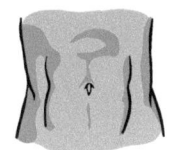

abdomen
barriga

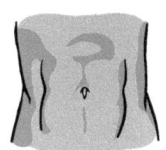

ombilic
umbigo

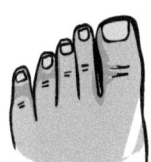

deget de la picior
dedo do pé

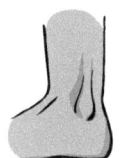

călcâi
calcanhar

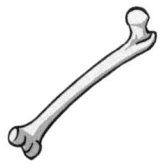

os
osso

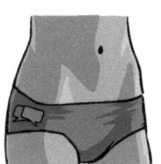

șold
anca

genunchi
joelho

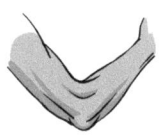

cot
cotovelo

nas
nariz

fund
nádegas

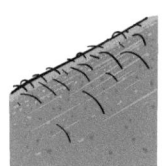

piele
pele

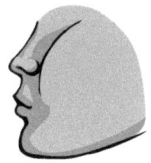

obraz
bochecha

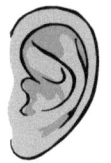

ureche
orelha

buză
lábio

gură
boca

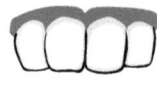

dinte
dente

limbă
língua

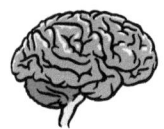

creier
cérebro

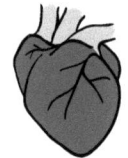

inimă
coração

mușchi
músculo

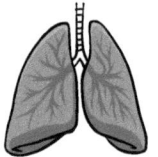

plămân
pulmão

ficat
fígado

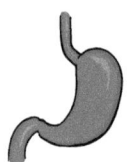

stomac
estômago

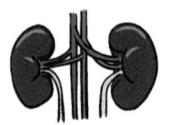

rinichi
rins

sex
relações sexuais

prezervativ
preservativo

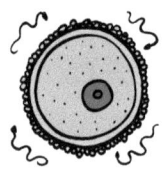

ovul
óvulo

spermă
esperma

sarcină
gravidez

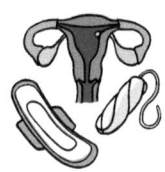

menstruație
....
menstruação

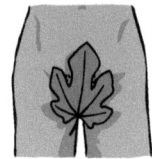

vagin
....
vagina

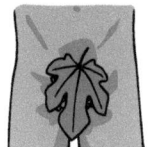

penis
....
pénis

sprânceană
....
sobrancelha

păr
....
cabelo

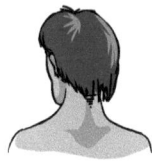

gât
....
pescoço

corp - corpo

spital
hospital

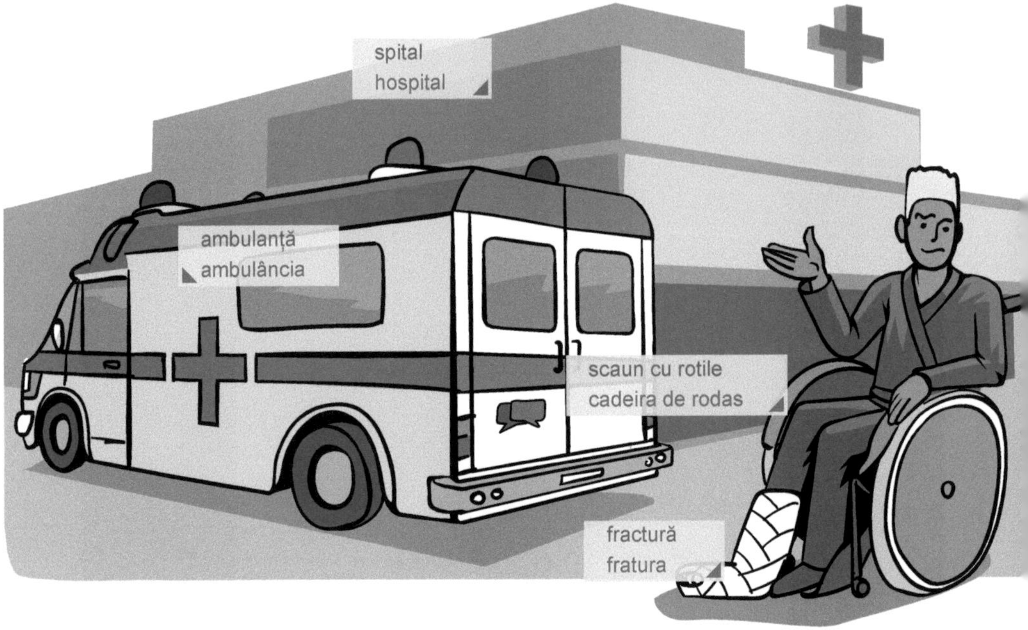

spital
hospital
ambulanță
ambulância
scaun cu rotile
cadeira de rodas
fractură
fratura

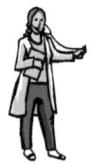

medic
médico

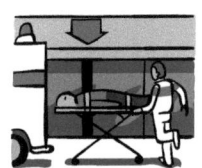

unitate de primiri urgențe
serviço de urgências

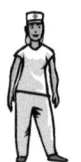

soră medicală
enfermeira

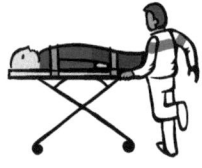

urgență
emergência

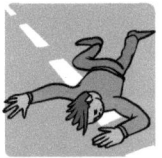

inconștient
inconsciente

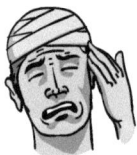

durere
dor

leziune
....
ferimento

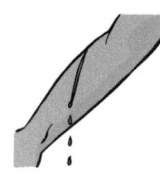

sângerare
....
hemorragia

infarct miocardic
....
ataque cardíaco

atac cerebral
....
acidente vascular cerebral

alergie
....
alergia

tuse
....
tosse

febră
....
febre

gripă
....
gripe

diaree
....
diarreia

durere de cap
....
dor de cabeça

cancer
....
cancro

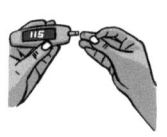

diabet
....
diabetes

chirurg
....
cirurgião

scalpel
....
bisturi

operație
....
operação

CT

CT

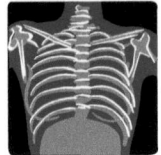

raze Röntgen

raio x

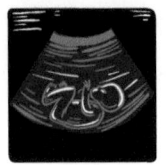

ultrasunet

ultrassom

mască

máscara

boală

doença

sală de așteptare

sala de espera

cârjă

muleta

plasture

penso rápido

bandaj

ligadura

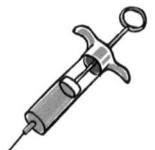

injecție

injeção

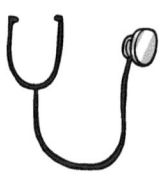

stetoscop

estetoscópio

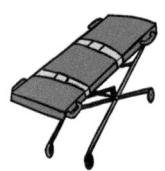

targă

maca

termometru

termómetro

naștere

nascimento

supraponderabilitate

excesso de peso

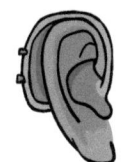

aparat auditiv

aparelho auditivo

dezinfectant

desinfetante

infecţie

infeção

virus

vírus

HIV/SIDA

HIV / SIDA

medicină

medicamento

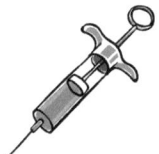

vaccin

vacinação

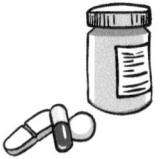

tablete

comprimidos

pastilă

pílula

apel de urgenţă

chamada de emergência

aparat de măsurare a
presiunii arteriale

dispositivo de medição de
pressão arterial

bolnav/sănătos

doente / saudável

Ajutor!

Socorro!

alarmă

alarme

agresiune

assalto

atac

ataque

pericol

perigo

ieșire de urgență

saída de emergência

Foc!

Fogo!

extinctor

extintor de incêndios

accident

acidente

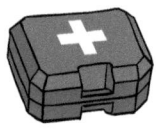

trusă de prim-ajutor

estojo de primeiros socorros

SOS

SOS

poliție

polícia

Europa

Europa

America de Nord

América do Norte

America de Sud

América do Sul

Africa

África

Asia

Ásia

Australia

Austrália

Altantic

Atlântico

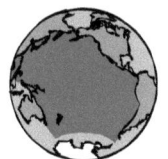

Pacific

Pacífico

Oceanul Indian

Oceano Índico

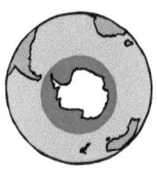

Oceanul Antarctic

Oceano Antártico

Oceanul Arctic

Oceano Ártico

Polul Nord

Polo Norte

Polul Sud

Polo Sul

Antarctica

Antártica

pământ

terra

țară

país

mare

mar

insulă

ilha

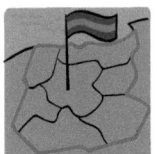

națiune

nação

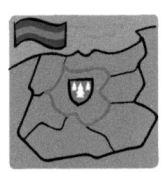

stat

estado

cadran

mostrador do relógio

orar

ponteiro das horas

minutar

ponteiro dos minutos

secundar

ponteiro dos segundos

Cât e ceasul?

Que horas são?

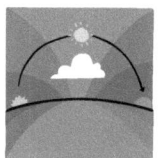

zi

dia

timp

tempo

acum

agora

cead digital

relógio digital

minut

minuto

oră

hora

săptămână

semana

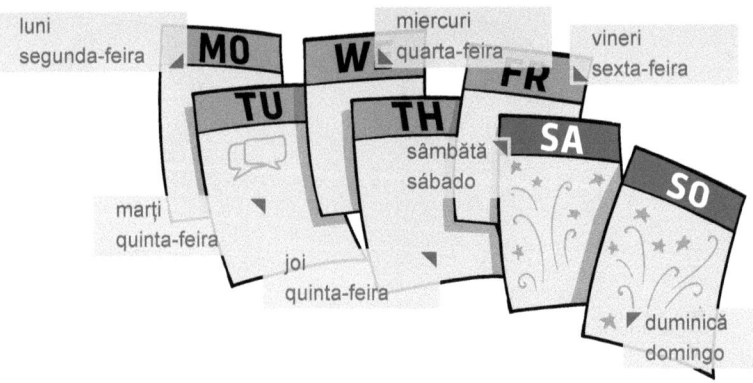

luni
segunda-feira

miercuri
quarta-feira

vineri
sexta-feira

marți
quinta-feira

sâmbătă
sábado

joi
quinta-feira

duminică
domingo

ieri
ontem

azi
hoje

mâine
amanhã

dimineață
manhã

amiază
meio-dia

seară
entardecer

zile lucrătoare
dias úteis

week-end
fim de semana

an

ano

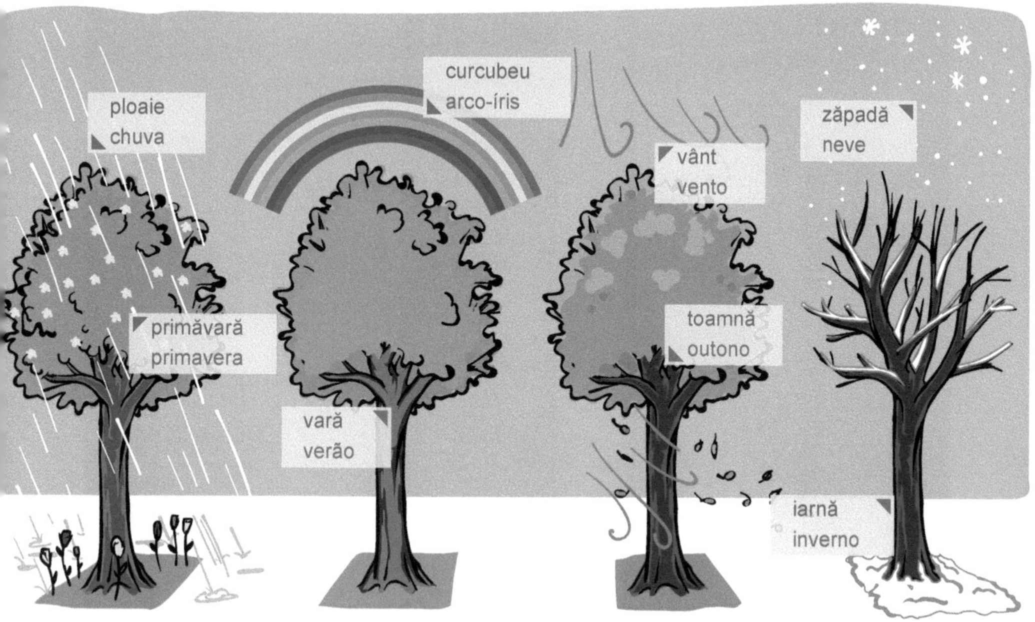

ploaie
chuva
curcubeu
arco-íris
zăpadă
neve
vânt
vento
primăvară
primavera
toamnă
outono
vară
verão
iarnă
inverno

4.APRIL 11°
5.APRIL 4°
6.APRIL 13°
7.APRIL 8°
8.APRIL 10°

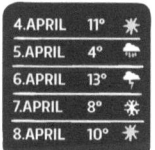

prognoză meteo

previsão do tempo

F
C

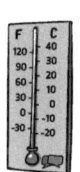

termometru

termómetro

lumina soarelui

raios de sol

nor

nuvem

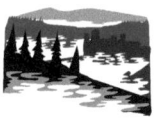

ceață

neblina / nevoeiro

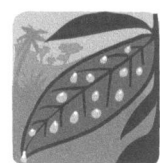

umiditate a aerului

humidade do ar

fulger

relâmpago

tunet

trovão

furtună

tempestade

grindină

granizo

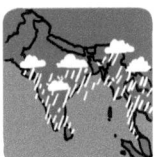

muson

monção

inundaţie

inundação

gheaţă

gelo

ianuarie

janeiro

februarie

fevereiro

martie

março

aprilie

abril

mai

maio

iunie

junho

iulie

julho

august

agosto

an - ano

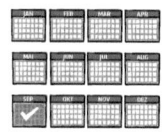

septembrie

setembro

octombrie

outubro

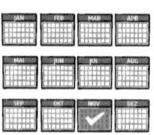

noiembrie

novembro

decembrie

dezembro

cerc

círculo

pătrat

quadrado

dreptunghi

retângulo

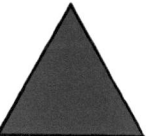

triunghi

triângulo

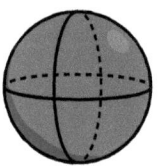

sferă

esfera

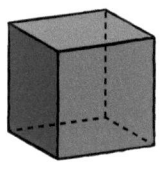

cub

cubo

alb
....
branco

galben
....
amarelo

portocaliu
....
laranja

roz
....
rosa

roșu
....
vermelho

violet
....
lilás

albastru
....
azul

verde
....
verde

maro
....
castanho

gri
....
cinzento

negru
....
preto

mult/puțin

muito / pouco

furios/calm

furioso / calmo

frumos/urât

lindo / feio

început/sfârșit

principio / fim

mare/mic

grande / pequeno

luminos/întunecat

claro / escuro

frate/soră

irmão / irmã

curat/murdar

limpo / sujo

complet/incomplet

completo / incompleto

zi/noapte

dia / noite

mort/viu

morto / vivo

lat/strâmt

largo / estreito

comestibil/necomestibil

comestível / não comestível

rău/prietenos

mau / gentil

emoționat/plictisit

entusiasmado / entediado

gras/slab

gordo / magro

primul/ultimul

primeiro / último

prieten/inamic

amigo / inimigo

plin/gol

cheio / vazio

tare/moale

duro / macio

greu/ușor

pesado / leve

foame/sete

fome / sede

bolnav/sănătos

doente / saudável

ilegal/legal

ilegal / legal

inteligent/stupid

inteligente / burro

stânga/drepta

esquerda / direita

aproape/departe

perto / longe

nou/uzat

novo / usado

nimic/ceva

nada / algo

bătrân/tânăr

velho / jovem

pornit/oprit

ligado / desligado

deschis/închis

aberto / fechado

încet/tare

baixo / alto

bogat/sărac

rico / pobre

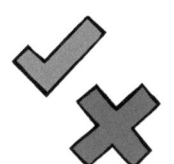

corect/fals

certo / errado

aspru/neted

áspero / liso

trist/fericit

triste / feliz

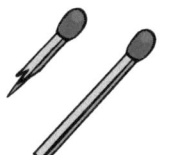

lung/scurt

curto / longo

încet/repede

lento / rápido

ud/uscat

molhado / seco

cald/rece

ameno / fresco

război/pace

guerra / paz

0	**1**	**2**
zero	unu	doi
zero	um	dois

3	**4**	**5**
trei	patru	cinci
três	quatro	cinco

6	**7**	**8**
şase	şapte	opt
seis	sete	oito

9	**10**	**11**
nouă	zece	unsprezece
nove	dez	onze

12

douăsprezece

doze

13

treisprezece

treze

14

paisprezece

catorze

15

cincisprezece

quinze

16

șaisprezece

dezasseis

17

șaptesprezece

dezassete

18

optsprezece

dezoito

19

nouăsprezece

dezanove

20

douăzeci

vinte

100

o sută

cem

1.000

o mie

mil

1.000.000

un milion

milhão

engleză
....
inglês

engleză americană
....
inglês americano

chineza mandarină
....
chinês mandarim

hindi
....
hindi

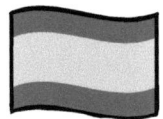

spaniolă
....
espanhol

franceză
....
francês

arabă
....
árabe

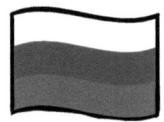

rusă
....
russo

protugheză
....
português

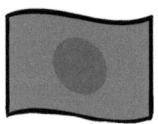

bengaleză
....
bengalês

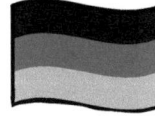

germană
....
alemão

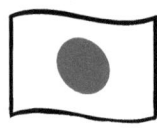

japoneză
....
japonês

eu

eu

tu

tu

el/ea

ele / ela

noi

nós

voi

vós

ea

eles / elas

cine?

quem?

ce?

o quê?

cum?

como?

unde?

onde?

când?

quando?

nume

nome

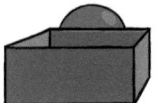

în spate

atrás

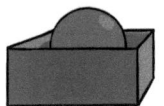

în

em

înainte

à frente de

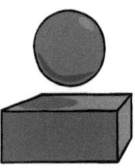

peste

sobre

pe

em cima

sub

debaixo

lângă

ao lado

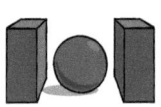

între

entre

loc

lugar